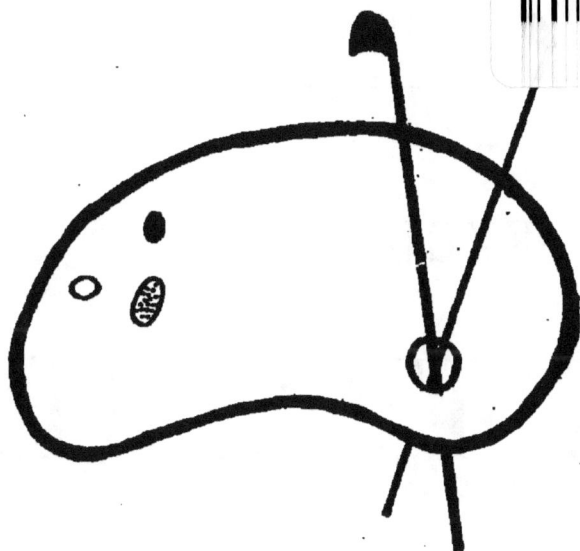

DEBUT D'UNE SERIE DE DOCUMENTS
EN COULEUR

Th. ABRAHAM.

EXCURSION

EN ITALIE

(1880).

PRIX : 75 CENTIMES.

LILLE,

IMPRIMERIE L. DANEL.

—

1880.

LILLE, IMPRIMERIE L. DANEL.

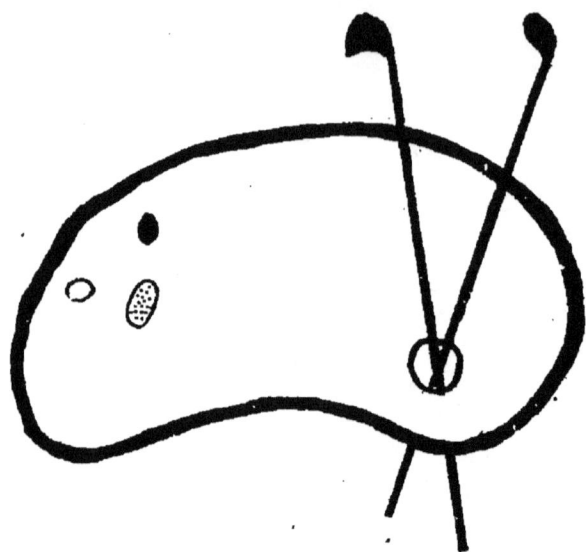

FIN D'UNE SERIE DE DOCUMENTS
EN COULEUR

EXCURSION EN ITALIE.

Th. ABRAHAM.

EXCURSION

EN ITALIE

(1880).

PRIX : 75 CENTIMES.

LILLE,

IMPRIMERIE L. DANEL.

—

1880.

VIII.

EXCURSION A TURIN, MILAN ET VENISE

ET AUX LACS MAJEUR ET DE CÔME.

Septembre 1879.

Le complément indispensable de mes précédentes excursions annuelles (1), était à mes yeux un *voyage en Italie*. J'y pensais depuis longtemps, mais dès le printemps de 1879 cela était passé à l'état d'idée fixe. En conséquence, je me pourvus de guides et de cartes pouvant me donner force renseignements sur les pays que je tenais tant à visiter : *Joanne*,

(1) I. — Excursion à Londres (1851.
II. — Excursion en Suisse et en Savoie (1869)
III. — Excursion à Bruxelles, Anvers, Amsterdam et Cologne (1870).
IV. — Excursion à Marseille, Nice et Gênes (1873).
V. — Excursion à Bordeaux, Bayonne, Pau, Luchon et Toulouse (1874).
VI. — Excursion à Nantes, Auray, Brest, Rennes et Saint-Malo (1875).
VII. — Excursion à Clermond-Ferrand, Thiers, Le Puy, Nîmes, Montpellier et Cette (1876).

du Pays et même *Bædeker* devinrent pour moi
des amis que j'interrogeais souvent. Bientôt je pus,
théoriquement parlant, m'orienter dans les villes de
Turin, Florence, Rome, Naples, Bologne, Venise
et Milan. — Rome et Naples, ainsi que les alentours
de cette dernière ville, n'eurent presque plus de
mystères à mon endroit. Il m'était devenu facile
d'aller de la gare de Rome au *Colisée,* de suivre ensuite le *Corso* pour me rendre à la *Piazza del
Popolo*, de prendre après à gauche pour traverser
le Tibre et visiter le *château St-Ange*, la *basilique
de St-Pierre* et le *Vatican*. — A Naples, je pouvais
aisément, de la gare, gagner l'ancienne *Via di To-
ledo*, aujourd'hui *strada di Roma* ; de là m'avancer
jusqu'à la *Chiaia* et à la *grotte de Pausilippe*. Les
environs de Naples ne m'échappaient point : le couvent des *Camaldules*, d'où l'on a une des plus belles
vues qui se puissent imaginer ; les îles d'*Ischia* et
de *Procida*, immortalisées par Lamartine, et
surtout *Caprée* avec sa *grotte d'azur* ; Pompéi avec
ses ruines curieuses, *Castellamare* et *Sorrente* !

Mais pour faire cette excursion, il me fallait plus
que les douze ou quinze jours de mes congés ordinaires, et un compagnon de route ne pouvait dans
ce cas que décupler les avantages à en retirer.
Pendant des semaines, des mois, je fis, défis et refis
des plans auxquels il manquait toujours quelque
chose. Enfin je lus dans les journaux cette annonce
flamboyante : « *Train de plaisir de Paris à Turin*

Milan et Venise, avec excursion aux lacs Majeur et de Côme, » organisé en caravane suivant le système anglais et américain. — J'allai aux renseignements et j'appris que la chose était sérieuse et que mon voyage en Italie pourrait se faire commodément, sans fatigue, sans soucis d'aucune sorte, avec fruit et aussi avec économie de temps, — à la condition de le scinder en deux, de n'en faire qu'une moitié en 1879 et de remettre la seconde partie à l'année 1880. — Ne pouvant mieux faire, je me résignai à cette combinaison, qui m'offrait de grands avantages tout en séparant ce que j'aurais tant aimé à réunir !

Le départ était fixé au 17 septembre. Je pris mes mesures pour ne pas *manquer le train*, et, comme mes compagnons de route, au nombre d'environ 200, je me trouvais ce jour-là, vers les midi, à la gare de Lyon. Bientôt installés, chacun de son mieux, dans nos compartiments, nous nous sentîmes emportés vers des régions à nous inconnues. — Pour mon compte, je connaissais déjà la route jusqu'à Mâcon ; pourtant je revis avec plaisir les charmantes localités de Villeneuve Saint-Georges, Montgeron et Brunoy, ainsi que Melun et Fontainebleau. Je pus constater en passant dans la forêt de ce nom les ravages incroyables causés par le verglas de janvier 1879 et voir des centaines de jeunes arbres qu'on dirait avoir été mutilés par une main criminelle. — A Joigny, à Tonnerre surtout, le pays devient pittoresque, et puis les beaux cantons

de notre Bourgogne se montrent si riants qu'on se
sent tout fier de savoir qu'ils font partie intégrante
de notre belle France. — A Montbard, aux Laumes,
je retrouve les remarquables points de vue qu'il m'a-
vait été donné déjà d'admirer. — Mais le jour baisse,
les lampes s'allument et après Blaisy-Bas et son
tunnel de 4,100 mètres de longueur, nous arrivons
à Dijon. Un excellent dîner nous attendait au buffet
de la gare ; chacun y fit bon accueil et après une
heure consacrée à réparer les forces perdues, l'on
se remet en route. Quelques voyageurs cherchent
à continuer la conversation interrompue par notre
arrêt, mais le silence s'établit peu à peu et l'on se
prépare à profiter de la nuit pour sommeiller comme
on peut le faire en wagon. — Le train roule toujours ; les stations sont dépassées sans qu'on y
prenne garde, car on est loin d'être à destination.
Mâcon et Ambérieux sont maintenant derrière nous.
A Culoz, on se réveille à moitié. On annonce que
nous allons traverser le Rhône et côtoyer le lac du
Bourget ; on dit même quelques mots de l'épouvan-
table catastrophe, la rencontre de deux trains, qui
eut lieu non loin de là, à Châtillon, il n'y a pas encore deux ans ! — Enfin le petit jour se montre et
à travers un léger brouillard, nous distinguons assez
nettement le lac que nous suivons depuis longtemps et
qui est bordé de hautes montagnes. — Une heure plus
tard, nous nous trouvions à Chambéry, ville entou-
rée de montagnes remarquables et qui a tout l'air

d'avoir été contrainte de se choisir un tel séjour!
Le lever du soleil ramène la conversation; on se
montre d'ailleurs les sites pittoresques semés à profusion le long de la vallée que suit le railway et où,
après avoir franchi l'*Isère*, on rencontre l'*Arc* qui
y précipite ses eaux écumantes. *Aiguebelle* présente un point de vue admirable; St-Jean de Mau-
rienne ne lui cède en rien sous ce rapport, ainsi
que St-Michel. — Mais nous voilà arrivés à *Modane*,
ville frontière où la douane doit faire son office;
— une heure d'arrêt. Cela a son bon côté, car l'on
peut se passer de l'eau sur la figure et même faire
un déjeuner pouvant nous permettre d'attendre
avec patience le dîner qu'on doit nous servir à
Turin vers les cinq heures de l'après-midi. — A dix
heures, nous nous remettons en marche, ce qui
n'a pas lieu sans causer une certaine émotion dans
nos rangs; car nous allons, après avoir contourné
Modane, nous engager dans le grand tunnul, long
comme on sait de 13 kilomètres, qui donne accès
en Italie. Au préalable, on traverse un premier
tunnel d'une étendue respectable, ma foi; puis les
voix baissent de ton et, en entrant sous la chaîne
du *Mont-Cenis*, chacun prend sa montre pour constater le temps passé dans le souterrain. Les minutes
s'écoulent lentement, et, de temps à autre, brille
la lumière d'une lanterne; mais les kilomètres s'a-
joutent aux kilomètres et nous sommes toujours
dans le tunnel. Enfin, une petite lueur annonce le

1*

retour au jour et l'on respire plus à l'aise. La montagne qui exigeait autrefois presque une journée pour être escaladée, a dû, de par les résultats de la science moderne, nous laisser passer en vingt-six minutes ! — Nous sommes maintenant en Italie, à la station de Bardonnèche (*Bardonnecchia*). — *Cinque minute di fermata!* répètent à haute voix les employés de la S. F. A. I. (*Strada ferrata alta Italia — chemin de fer de la haute Italie*). On descend de voiture, et l'on contemple derrière soi avec une admiration mêlée d'un certain orgueil cette montagne s'élevant à 1,650 mètres au-dessus du tunnel que l'on vient de traverser, ainsi que la superbe vallée où la *Doria Ripaira* coule en torrent impétueux vers Suse et Turin. — Quelques instants après les employés du chemin de fer crient : *Partenza! Partenza! Partenza!* — ce qui veut dire pour nous : *En voiture, Messieurs, en voiture!* — à cette explication, on sourit, on répète *Partenza!* et l'on repart avec courage. — La ligne ferrée suit alors ordinairement le bas de la vallée, mais prend aussi quelquefois à mi-côte, traversant nombre de tunnels, il y en a 24 ou 25 jusqu'à Turin, courant sur le bord de précipices de 100 à 200 mètres de profondeur et laissant voir le paysage le plus pittoresque qui se puisse concevoir. Quelques lieues avant d'arriver à Turin, la vallée s'élargit, la plaine s'étend et les montagnes qu'on ne perd pas de vue semblent s'éloigner à une certaine distance. — La campagne est belle et bien cultivée. Les mûriers y sont nombreux, et la vigne, ainsi que les arbres fruitiers, se voit partout. On commence à apercevoir quantité d'usines, signe certain qu'une grande ville est proche. En effet, bientôt apparaissent les clochers des églises et le faîte de beaucoup d'autres édifices. La machine de notre train siffle notre arrivée et quelques minutes plus tard nous entrons dans la gare de *Torino*, autrement dit Turin. — Il était alors trois heures cinquante, et le railway était tout à fait en règle avec son horaire.

Nous étions arrivés à notre première halte, aussi chacun s'empressa-t-il de prendre les bagages qui ne l'avaient point quitté, et, en descendant de wagon, de trouver l'omnibus de l'hôtel à lui assigné. J'avisai pour mon compte celui de l'*Hôtel Feder*, et dix minutes après, j'étais installé dans une vaste chambre où je pouvais à loisir réparer une toilette quelque peu compromise par un trajet de 801 kilom., de façon à me présenter décemment à table pour le dîner. — A 6 h., des omnibus, des chars-à-bancs et des voitures ordinaires étaient remplis par les excursionnistes, invités le soir même à parcourir les principales rues et places de Turin. Cela fit évènement dans l'ancienne capitale des rois de *Sardaigne*, de *Chypre* et de *Jérusalem*. — Les Turinois regardaient et demandaient la signification d'un pareil branle-bas. — Après une course échevelée de près de deux heures à travers la ville et pendant laquelle chaque Parisien avait pu faire des réflexions plus ou moins judicieuses, philosophiques ou drôlatiques, l'on nous ramena sur la *Piazza di Castello*, où le propriétaire d'un café-concert renommé nous avait invités à une soirée digne de terminer convenablement cette première journée en terre étrangère !

Peu familiarisés avec la langue italienne, la plupart de nos Parisiens voulaient au moins s'exercer à italianiser les noms et les mots dont ils avaient à se servir. Dans la voiture où je me trouvais avec quelques jeunes gens tout disposés à voir toutes choses sous le côté risible, l'un de ceux-ci crut utile, le soir venu, d'allumer la lanterne de la voiture. Il prit une allumette et avec beaucoup d'habileté atteignit le but désiré. Seulement la lanterne était éclairée à l'huile de pétrole et la mèche, mal préparée, donnant une flamme trop élevée, nous craignîmes une explosion. — Notre Parisien chercha à remédier à l'inconvénient signalé, mais il ne put y parvenir. Alors, se penchant par la portière, il dit à haute voix : « Cocher, votre mèche est trop longue et le verre de la lanterne va casser ; » — puis, voyant que celui-ci ne se rendait pas à son avis, il nous dit : « Il n'a pas compris un traître mot de mon observation, mais attendez. — Cocher, ajouta-t-il, *cassato di lanterna* ! » — Un éclat de rire bien accentué fut la conséquence naturelle de cette singulière sortie et pendant les jours qui suivirent, on ne manqua pas de saluer notre jeune homme par les mots de *cassato di lanterna* !, qu'il prenait d'ailleurs du bon côté.

Le lendemain vendredi, notre itinéraire portait : visite au Palais royal, au Palais Madame, au Palais Carignan, aux musées de peinture et de sculpture, de zoologie et de minéralogie, au Jardin public dit *Valentino*, à la Synagogue, au *Campo-Santo* et au couvent des Capucins (*Monte di Capuccini*). Ce programme fut fidèlement rempli et nous pûmes de plus admirer cette belle ville de Turin, l'une des plus régulièrement bâties de l'Europe, renfermant des palais magnifiques et dont les rues larges, droites et à angle droit sont bordées de maisons superbes souvent avec colonnades dans le genre de notre rue de Rivoli et maintes fois beaucoup plus belles ; elle n'a guère que le défaut de n'être plus capitale et de paraître assez déserte, malgré ses 200,000 habitants. — Le *Palais Royal*, dont rien à l'extérieur ne décèle les immenses richesses qu'il renferme, possède un grand nombre de salles attirant à juste titre l'admiration des visiteurs, on y voit accumulés et classés avec un goût exquis tout ce que les arts peuvent présenter de plus précieux. — Le *musée d'armes*, qui en forme une dépendance pique vivement aussi la curiosité par la multitude de souvenirs historiques qu'on y rencontre. Le *Campo-Santo* ou cimetière mérite bien la réputation qu'il a d'être l'un des plus beaux de l'Italie. Nous avons pu y

admirer des chefs-d'œuvre de sculpture, notamment
une statue en marbre blanc figurant une jeune veuve
sur la tombe de son mari et dont les mille détails
d'un costume aussi riche que de bon goût attestent
le talent rare de l'artiste en même temps que l'atti-
tude de l'épouse peint avec tant de perfection la
douleur vraie qu'en la regardant les larmes vous
viennent aux yeux ! — Notre course au *Monte di
Capuccini*, située au-delà du Pô, sur une colline
élevée, d'où la vue s'étend non seulement sur la
ville et l'église de la *Superga*, mais encore sur la
chaîne des Alpes et en particulier sur le Mont Rose,
termina heureusement nos excursions dans Turin
et sa banlieue. — Je m'en voudrais de passer sous
silence le petit incident qui se produisit en ce saint
lieu et dont nous pûmes rire pendant quelque temps.
La chapelle des Capucins communique par une
petite porte sur la cour du couvent. Les Parisiens,
assez curieux de leur nature, voulurent regarder
dans cette cour : ils y virent un puits et s'avancèrent
pour en tirer de l'eau, qui devait avoir un goût
différent de celui de la Seine ! Mais ce qui paraissait
permis aux Parisiens était bel et bien défendu, de
par la règle des Moines, aux Parisiennes, comme
aussi, en géréral, à la plus belle moitié du genre
humain. Le moine gardien accourut alors et d'un
geste désespéré mais significatif intima l'ordre aux
dames de sortir. Celles-ci, qui n'y voyaient point
malice, se montraient peu empressées de se rendre

à des injonctions aussi pressantes que suppliantes et comiques. On se représentera aisément le tableau offert par cette scène, surtout si l'on se rappelle que, pour l'église d'abord, et ensuite pour tous les religieux, la femme a été longtemps regardée comme n'ayant pas une âme telle qu'est censée la nôtre et par conséquent indigne de fréquenter le sanctuaire des églises et le séjour consacré des élus de Dieu !

Le soir du même jour, à 11 heures, nous quittions Turin à l'effet d'arriver le lendemain à *Venise*, après un arrêt d'environ trois heures à *Vérone*. Pendant la première partie de ce trajet, la fatigue de la journée aidant, chacun chercha à prendre un peu de repos, et puis la nuit en faisait presque un devoir ; c'est pourquoi l'on passa à *Bergame* et à *Milan* sans presque s'en apercevoir. Mais à la pointe du jour, l'on se montra *Brescia* d'abord, ensuite *Peschiera* et la *tour de Solférino*, puis la partie sud du lac de *Garde* et enfin la ville de *Vérone*, dont les hauteurs sont couronnées par les forts que les Autrichiens y ont construits en 1848 et qui profitent aujourd'hui aux Italiens ! — A 10 heures du matin, nous envahissions cette place forte, l'une du *Quadrilatère*. Trente voitures découvertes à 4 places étaient remplies par nous et se dirigeaient assez prestement en une longue file à travers les rues de la ville. Comme on peut se l'imaginer, les habitants apparaissant aux fenêtres ou arrêtés dans la rue, se demandaient ce que cela pouvait bien

16   EXCURSION EN ITALIE.

signifier ! — Vérone, à l'aspect tout moyen-âge et aux mœurs italiennes et dont la plus petite boutique d'épicier, de mercier, de marchand de boissons, etc., laisse voir une lampe allumée constamment devant une image de la madone ou d'un saint quelconque, piqua vivement notre curiosité. — L'Hôtel-de-Ville, le *tombeau des Scaliger,* le Marché aux Herbes, les constructions bordant l'Adige, la *maison de Roméo et Juliette,* mais surtout les *Arènes,* plus curieuses que celles de Nîmes, le *Jardin public* et l'*église de St-Zéno* purent nous donner une idée assez exacte d'une ville dont le nom était seul depuis longtemps connu de nous. — Le déjeuner au buffet de la gare, qui eut lieu ensuite, avait pour but de nous donner le calme des sens nécessaire pour gagner Venise.

A l'une des premières stations où nous arrivâmes après avoir quitté Vérone, notre train dut se garer et attendre un quart d'heure pour laisser passer le train royal, emportant le roi Humbert, qui venait de quitter Venise pour se rendre à Milan et à Turin. — La ligne du chemin de fer suit constamment cette grande plaine de la Lombardie et de la Vénétie d'une monotonie exemplaire, et après avoir touché *Vicence* et *Padoue,* conduit à Mestre, qu'on pourrait appeler le faubourg continental de la célèbre cité, but extrême de notre voyage. — Bientôt après, en effet, l'on aperçoit le clocher de *St-Marc* et beaucoup d'autres édifices de Venise.

Mais l'impression est grande quand on arrive sur cette jetée longue de plus de 3 kilomètres qui donne seule accès, à travers les lagunes, à la ville des Doges ! — Tout le monde est aux portières des voitures ; enfin la plaine liquide est franchie et l'on entre en gare de Venise, située à 1,235 kilomètres de Paris ! — A la sortie de la gare, nous trouvons non des voitures pour nous conduire aux hôtels, mais des *gondoles !* Le spectacle est nouveau pour nous tous, et l'on s'y accoutumera forcément bien vite. C'est ainsi que pour mon propre compte je pus arriver à l'*Hôtel royal Danieli.* — Deux heures plus tard, après notre dîner, nous nous trouvions sur la place St-Marc, rendez-vous habituel de chaque soir pour les Vénitiens et pour les étrangers, qui viennent là en toilette écouter la musique, se promener et prendre des rafraîchissements, délassements auxquels invitent les délicieuses soirées d'un pays si favorisé par la nature ! — Tout-à-coup, 8 heures sonnant à le *Torre del Orologio,* les maisons s'illuminent à la clarté de feux de Bengale apparaissant dans les entre-colonnements du pourtour de la *Piazza*, ainsi qu'à tous les étages de la tour St-Marc ; la musique fait entendre le commencement d'un morceau approprié à la circonstance et quelques-uns des *pigeons sacrés*, tout décontenancés par une telle aubade voltigent éperdus au-dessus de nos têtes ! — Le spectacle est saisissant et nous nous demandons, si c'est à notre intention qu'une

pareille fête est donnée. Mais on nous assure que
Venise prétend célébrer par là la date anniversaire
de sa réunion à l'Italie. Cette explication, toute satis-
faisante qu'elle nous paraît ne saurait pourtant pas
nous laisser indifférents à ce que nous voyons, et
quand, vers les 10 heures 1/2 nous rentrons à notre
hôtel, nous trouvons que notre séjour à Venise a
bien commencé.

Le lendemain 21 septembre, dès 5 heures du
matin, des centaines de cloches annoncent le jour
du Seigneur, car les églises sont nombreuses à
Venise. Le ciel est pur et promet une belle journée.
Nous nous disposons à en profiter, et à 8 heures,
divisés par groupes, conduits chacun par un guide,
nous commençons par une ascension de la tour
Saint-Marc, haute de 98 mètres. On monte jusqu'à
la hauteur de 80 mètres environ par une rampe
relativement douce qui suit les quatre côtés de la
tour, supprimant ainsi, à notre grand étonnement,
l'escalier obligé de ces sortes d'ascensions. — Un
panorama unique s'offre alors à nos regards. Venise
tout entière, avec les souvenirs historiques si nombreux et si divers qu'elle rappelle, est là, sous nos
pieds, avec les 100,000 habitants qui lui restent
aujourd'hui d'une population double qu'elle a
comptée pour un temps. C'est une sorte d'île comprenant plusieurs îlots, toute couverte de maisons,
de palais et d'églises. De là on aperçoit, dans le
lointain, les montagnes du *Tyrol* d'un côté et celle

du *Padouan* de l'autre ; et, de plus près , les îles de
la *Lagune, Murano,* le *Lido,* le *Lazaret* , etc., etc.
— Après ce coup-d'œil d'ensemble , nous descen-
dons dans la ville pour en visiter les détails, et nous
commençons par la basilique de Saint-Marc , une
vraie merveille. — Devant les trésors de l'art
accumulés en cet endroit et qui pour être étudiés
convenablement exigeraient plusieurs jours, on
reste confondu. Des millions ont été dépensés à
entasser dans cette église nombre de chefs-d'œuvre
des sculptures et des peintures que l'on a pu se procurer. Le marbre, les dorures, les mosaiques y sont
répandus à profusion. Mais il faut nous hâter, car
nous avons beaucoup à voir pendant cette première
journée. — De l'église Saint-Marc, nous passons au
Palais des Doges. C'est en traversant toutes ses
salles remplies des œuvres des peintres et des
sculpteurs les plus habiles dans leur art, qu'on
comprend le haut degré de civilisation de Venise du
XVe au XVIIIe siècle, ainsi que l'influence considérable qu'elle a exercée dans les principaux événe-
ments survenus en Europe, durant cette époque, et
aussi la puissance formidable que ses Doges avaient
su se faire attribuer. — Le *Pont des Soupirs* avec
ses cachots devant lesquels ceux de notre Bastille
devaient pâlir, n'a plus de secrets pour nous, et
nous en sortons le cœur serré en pensant aux vic-
times politiques qui y ont passé leurs derniers
moments, que souvent, d'ailleurs, on abrégeait

beaucoup. — De là nous passons au monument
magnifique en marbre noir élevé en l'honneur de
l'illustre patriote *Manin*, sur la petite place qui
confine à l'église Saint-Marc. L'Italie sait payer sa
dette de reconnaissance envers les hommes illustres
qui ont rendu de grands services à la patrie ou qui
lui ont fait honneur, et dans chaque ville que nous
visitons nous trouvons des statues érigées pour per-
pétuer leur mémoire. — A Turin, nous avons
admiré le superbe monument qui immortalise le
nom de *Cavour*, et à Vérone, le tombeau des
Scaliger. Nous verrons bientôt à Milan, sur un
imposant piédestal, *Léonard de Vinci*, et à Côme,
l'image du non moins illustre *Volta*. — En traversant en gondole le *Canal grande*, nous arrivons
bientôt à l'église de la *Salute*, où nous pénétrons,
ainsi que dans plusieurs palais bordant le même
canal, pour y constater une fois de plus les immenses richesses que Venise avait su accaparer pendant
la période de sa grande puissance politique. Notre
étonnement redouble en visitant *l'église des Frari*,
qui renferme entre autres chefs-d'œuvre, les tombeaux si remarquables du *Titien* et de *Canova*.
Mais c'en est assez pour le premier jour passé dans
la ville des Doges, et quelques heures de repos ne
sont pas inutiles pour bien classer dans sa mémoire
tant de magnificences !

Le lundi, nous reprîmes nos courses au moyen de
nos gondoles pour voir l'*Arsenal*, l'établissement

de *Bedendo*, *l'église des Jésuites* et surtout le *palais Giovanelli*, le plus beau et le plus riche que nous ayons encore visité. — Le soir, promenade en gondole, *régates* au petit pied offertes par notre Agence à nos gondoliers et dont les vainqueurs empochèrent un bénéfice supplémentaire qui ne leur déplut pas.

Le programme du mardi portait : *Excursion à Chioggia*, départ à 8 heures du matin, — Personne ne manqua au rendez-vous et le vapeur frêté exclusivement pour les excursionnistes se mit bientôt en marche, portant aussi une troupe de chanteurs et de musiciens commandés pour la circonstance. Après avoir quitté le *Quai des Esclavons*, nous passâmes devant le *Jardin public*, pour nous rendre au *Lido* ; nous nous rapprochâmes ensuite du *Lazaret* pour reprendre notre vraie route. — Au bout d'une heure de navigation, nous aperçûmes l'île de *Malamocco*, où nous devions mettre pied à terre à notre retour, puis celle de *Pelestrina*, longue de 8 kilomètres. — Vers onze heures, nous touchions à *Chioggia*. Notre *promenade* sur cette lagune sans pareille, par un temps splendide et qu'animaient une musique entraînante et des chants choisis, nous causa une satisfaction incroyable. — Que ne peut-on, débarrassé des soucis ordinaires de *la lutte pour vivre*, glisser de la sorte durant de longues journées ! — Pendant cette petite traversée, il nous avait été donné de plus, d'accen-

tuer des relations d'amitié commencées les jours pré-
cédents entre ceux qu'une manière analogue d'en-
visager les choses enchaîne vite par des liens aussi
sympathiques qu'inattendus. Cet échange d'impres-
sions partagées a quelque chose de bien agréable ;
voilà pourquoi, dans la conversation, on revient
souvent sur l'objet d'art ou le paysage qui a frappé,
et quelques jours se sont à peine écoulés qu'on est
tout disposé à se croire lié par une longue amitié.
— A la fin de notre voyage, plusieurs se séparèrent
à regret, tout en promettant de se revoir, soit dans
une prochaine excursion, soit de toute autre manière. — Arrivés à Chioggia, nous parcourûmes
cette ville peuplée d'environ 20,000 habitants. Les
insulaires du lieu vivent du commerce qu'ils font
avec l'Italie et la Grèce et présentent un caractère
de cosmopolitisme bien marqué. — Vers les trois
heures de l'après-midi, après le déjeûner de rigueur,
pendant lequel les musiciens de l'endroit vinrent nous
jouer des morceaux qu'ils croyaient pouvoir nous
faire plaisir et les habitants nous regarder à leur
aise, nous nous rembarquâmes, mais pour descendre bientôt dans l'île de Pelestrina, que nous traver-
sâmes de part en part dans sa courte largeur, à
l'effet de contempler enfin l'*Adriatique* dont les flots
d'azur nous émerveillèrent.— Nous reprîmes ensuite
notre route, et comme cela avait été entendu, nous
abordâmes dans l'île de Malamocco. Sur la place
publique, située non loin de l'église, nos musiciens,

invités à jouer quelque quadrille ou autre danse, s'exécutèrent avec bonne grâce et nos Parisiens et Parisiennes, donnant l'exemple, on se mit à danser avec beaucoup d'entrain. — Les indigènes, accourus de tout côté, se firent d'abord un peu prier (je parle des jeunes filles de l'île), mais, la chose avait sans doute été calculée, quelques billets de *cinquante centesime* ou *d'una lira*, distribués à propos, les amenèrent promptement à se mêler à la partie. Ce fut pour quelques moments l'occasion de rires et d'une franche gaieté. Il fallut à la fin se quitter pour reprendre le chemin de Venise. Les *Malamoccois* nous accompagnèrent jusqu'à notre vapeur, et, au départ, après une pluie de sous jetés à la foule, qui se les disputait jusque dans l'eau du bord de la mer, l'on se salua très chaleureusement. — Le soir, on se reposa sur la place Saint-Marc des fatigues légères de cette journée, qui fut classée parmi nos meilleures.

Le mercredi fut laissé à chacun comme jour de repos, comme aussi pour l'achat de souvenirs et courses à volonté à travers la ville. J'en profitai largement pour mon compte et errai pendant plusieurs heures à l'aventure au milieu des rares et étroites rues de Venise, revenant souvent sur mes pas pour ne pas me perdre ou lorsqu'un des nombreux canaux de la ville me barrait le passage. — Mais des paroles mystérieuses circulaient à voix basse parmi les excursionnistes pendant l'heure du déjeûner, et il ne s'agissait de rien moins que d'organiser une vraie *fête vénitienne* en l'honneur du chef de notre Agence, M. Lubin, dont nous n'avions qu'à nous louer, au moyen du produit d'une collecte volontaire faite entre nous. La recette fut bonne, grâce surtout au tact et à la délicatesse des procédés des quêteurs et des quêteuses, et la fête eut lieu, de 8 heures à 11 heures du soir, à la satisfaction générale, car elle restera parmi les souvenirs les plus vifs de notre voyage.

A l'heure indiquée, nous prîmes place dans trente gondoles groupées autour d'un bateau orné de *50 lanternes vénitiennes* et qui portait nos musiciens. A ces gondoles se joignirent bientôt celles des étrangers présents à Venise et aussi celles de beaucoup de Vénitiens. Nous comptions alors plus de 200 gondoles! — Le signal donné, toute la flottille s'ébranle et prend sa direction à la lueur d'un beau clair de lune se reflétant sur les façades des nombreux palais bordant le *Canal grande*. Tout-à-coup des feux de Bengale s'allument de tout côté; on les voit briller sur les degrés de l'église de la *Salute* et au-devant des hôtels qui lui font face. La musique se fait entendre et c'est ainsi que nous avançons lentement du côté du *Rialto*. — Arrivé à ce pont, le plus beau de Venise, on fait halte. La musique ne cesse de se faire entendre; les feux de Bengale continuent à éclairer la scène; des fusées et des chandelles romaines s'élèvent à une hauteur prodigieuse pour retomber gracieusement en pluie d'or! C'est alors qu'on donne l'ordre aux gondoliers de se rapprocher le plus possible les uns des autres et qu'un feu d'artifice est tiré ; les mots de *Vive l'Italie* s'en détachent nettement aux applaudissements de tout le monde et aux cris de *Vive l'Italie! Vive la France! Vive M. Lubin!* — Pendant ce temps, le chant des barcarolles alterne avec d'autres beaux morceaux joués ou chantés par nos musiciens ! — L'heure avancée fit enfin penser au retour qui devint plus imposant encore que notre départ. Le spectacle offert par ces 200 gondoles entourant le *vaisseau amiral*, c'est-à-dire le bateau des musiciens, et se suivant toutes comme poussées par un moteur unique, ne peut se décrire. On se serait cru dans la région des mânes ! — pas le moindre bruit autre que le chant des musiciens ; aucun mouvement isolé de nos gondoles, mais toutes glissant sur une eau tranquille et cela par un magnifique clair de lune ! — C'est ainsi que se termina la dernière journée de notre séjour à Venise.

Le jeudi, de fort bonne heure, nous quittions en effet l'incomparable Venise et, reprenant le même chemin par lequel nous y étions arrivés, nous enjambâmes en quelques minutes la lagune d'environ 3 kilomètres d'étendue qui l'isole de ce côté du continent. Nous revîmes ensuite la ville de Mestre, puis Padoue, Vicence et Vérone, où nous déjeu-

nâmes. Continuant ensuite notre route, nous cô-
toyâmes de nouveau le *lac de Garde*, en jetant un
dernier coup d'œil sur la tour de *Solférino*. —
Brescia appela plus loin notre attention, puis *Ber-*
game. A 4 heures 30, nous arrivions à Milan, qui
devait nous servir comme de base d'opérations jusqu'au lundi 29 septembre. — Un petit contre-temps
et presque le seul de ce genre survenu pendant
notre excursion, marqua notre arrivée dans cette
ville. Depuis quelques heures, le ciel s'était couvert
de nuages épais et tout présageait un orage pour la
soirée. Il éclata bientôt en effet et la pluie qui l'ac-
compagna eut pour conséquence de nous faire
manquer la grande promenade projetée avec nos
voitures dans Milan avant la fin de la journée.
Cependant nous pûmes après le dîner nous rendre
dans le remarquable passage de *Vittore Emmanuele*
pour y attendre l'heure de l'ouverture du théâtre
del Verme; nous y assistâmes à la représentation
de *La Traviata* qui fut suivie d'un ballet ressemblant
beaucoup à ceux de nos grands théâtres parisiens.
— A minuit, chacun était rentré à l'hôtel et donnait
l'ordre de se faire réveiller assez tôt pour ne pas
manquer l'excursion du lendemain vendredi au *Lac*
de Côme.—Un train spécial voulut bien effectivement
nous transporter de bonne heure dans la patrie des
deux Pline, qui est aussi celle de Volta, d'où, après
avoir visité la belle église qu'on y admire, nous nous
dirigeâmes, le bateau à vapeur aidant, vers *Bel-*

laggio. Le lac de Côme est une des merveilles de la
nature. Les superbes montagnes qui l'encadrent et
au pied desquelles des centaines de jolies habitations
se montrent de tout côté, sans parler de celles que
l'on aperçoit entourées de vignes et d'arbres variés
qui s'échelonnent sur leur flanc, présentent un
point de vue ravissant. Après deux heures de navigation bien employées, malgré la pluie qui avait
repris, à contempler les sites les plus divers et les
plus inattendus, nous stoppions *en vue* de Bellaggio.
— Notre caravane mit pied à terre et l'on se dirigea
les uns vers l'*Hôtel de Bellaggio*, les autres vers
celui de la *Grande Bretagne*, pour le déjeuner. —
L'Hôtel de Bellaggio, où j'étais descendu, a été
construit dans des conditions incroyables de luxe et
de tout ce qui peut attirer et retenir les touristes.
Situé sur le premier plan d'une haute colline, au
point de jonction du *Lecco* et du *Como*, dans un
parc délicieux et comprenant plusieurs salles immenses parfaitement appropriées à leur destination,
il a coûté, dit-on, plus de 2,500,000 francs. — On
pouvait avec une pareille somme faire quelque chose
de bien et on l'a fait. — Après le déjeuner, nous
allâmes visiter la célèbre villa de la famille *Melzi
d'Eril*, distante de quelques centaines de mètres de
notre hôtel. C'est une jolie résidence au milieu d'un
parc où tout a été réuni pour charmer ceux qui
peuvent y promener leurs loisirs. — Un peu plus
tard, nous remontions en bateau et après un circuit

exécuté devant la pointe de la presqu'île de Bellaggio par notre vapeur, nous revînmes passer en face du château des Melzi d'Eril, pour en saluer le propriétaire actuel qui avait montré tant de courtoisie à notre égard. Notre salut nous fut rendu très gracieusement par le noble comte et par tous les gens de sa maison. — Un second arrêt, à une heure de marche de notre paquebot, nous permit d'admirer la *villa d'Este*, une des plus belles de ces rives enchantées. — Avant la nuit, nous étions de retour dans la ville de Côme, dont nous continuâmes l'exploration commencée le matin en attendant le dîner qui nous y fut bientôt servi. A 11 heures du soir, nous rentrions dans Milan.

Pour nous, comme pour bien d'autres, les jours se suivaient sans se ressembler. Le samedi devait être consacré à visiter le *lac Majeur*. — Heureusement pour nous, la nuit, qui quelquefois porte conseil, avait remis le temps, et ayant tout lieu de croire à une belle journée, nous reprîmes avec plaisir, dès 7 heures du matin, le chemin de fer qui nous transporta rapidement à *Arona*. Là, nous retrouvâmes un bateau à vapeur, mis, comme celui du lac de Côme, entièrement à notre disposition. Y ayant pris place, nous ne tardâmes pas à admirer des beautés différentes de celles que nous avions vues la veille. Les deux lacs, qui ont beaucoup de points de ressemblance laissent partout voir des sites qui ne sauraient se comparer. Le lac de Côme a des rives plus riches, mais le lac Majeur est moins resserré, et un horizon plus étendu donne aux idées plus d'ampleur. Le temps d'ailleurs était redevenu beau et l'on comprendra notre ravissement quand, au milieu de cet admirable paysage qu'éclairaient à souhait les chauds rayons du soleil nous aperçumes les *Iles Borromées* !— Là c'était *Pallanza*, ainsi que d'autres localités moins importantes se mirant dans les eaux bleues et limpides du lac ; puis les gorges profondes du *Simplon* et celles par lesquelles l'on aboutit au *Saint-Gothard* ; enfin ces chaînes où l'on distinguait nettement quelques sommets couverts de neige. Notre caravane se divisa bientôt en deux groupes à l'occasion du déjeuner, les uns devant descendre à l'*Hotel Bellevue* et les autres à l'*Hôtel Beaurivage*. — Après un temps assez long employé à admirer les alentours charmants de ces hôtels, nous nous rendîmes, non loin de là, à la jolie *villa* où la reine Victoria a passé plusieurs semaines dans ces derniers temps. — Il est difficile d'imaginer un parc plus riche en fleurs et en arbustes et situé dans des conditions plus favorables sous le rapport du pittoresque, si l'on en excepte toutefois celui d'*Isola Bella*, où notre vapeur nous laissait aborder une heure plus tard. — Le château et le parc d'*Isola Bella*, qui occupent une grande partie de l'île et sont la propriété des comtes de Borromée, de père en fils, depuis des siècles, constituent quelque chose de féérique. Palais enchanté, où l'on admire vingt salles remplies de tout ce qu'une immense fortune unie à un goût exquis des œuvres d'art peut offrir de plus complet; — jardins très vastes dont le terrain est disposé en étages, où les arbres les plus exotiques et les plus beaux se comptent par dou- zaines, où le *chêne-liège*, l'*arbre-à-thé*, le *cam- phrier*, le *mancenillier* et bien d'autres se trouvent côte à côte; — plantes rares, fleurs superbes, cascades, grottes, statues, rien n'y manque. — A la suite de cette dernière visite, nous pouvions opérer notre retour sans regretter l'emploi de notre temps. Nous dînâmes à Arona et le chemin de fer nous ramena à Milan vers les 10 heures.

Notre première visite du dimanche 28 septembre, fut pour la cathédrale de Milan, aussi appelée le *Dôme*. Cet édifice incomparable mériterait à lui seul un voyage dans l'ancienne capitale du royaume *Lombardo-Vénitien*. Notre guide dut d'abord nous faire monter les 500 marches de l'escalier qui conduit au sommet du clocher proprement dit, d'où la vue s'étend non-seulement sur toute la ville et ses environs, mais encore jusqu'à la chaîne des Alpes. — En reportant, après ce premier aperçu, ses regards sur la basilique, qui couvre un très grand espace, on reste confondu devant une telle profu- sion de marbre, car tout l'édifice est en marbre blanc, et devant toutes ces aiguilles ou clochetons, au nombre de plus de cent qui jaillissent de tout côté et sont surmontés chacun d'une statue! —

A l'intérieur de la cathédrale, on s'extasie en contemplant les cinq nefs formées par quatre rangécs de colonnes aux proportions gigantesques et d'une hauteur prodigieuse.—La crypte ou église souterraine, qui renferme un autel excessivement riche, où se voit le corps momifié de St-Charles-Borromée, ajoute encore beaucoup à toutes les beautés du monument.

Dans l'après-midi, nous courûmes à travers la ville en voitures découvertes, nous arrêtant de temps à autre pour voir le *Jardin public*, la *Place d'armes*, l'*Arc-de-Triomphe du Simplon*, en marbre blanc, construit par ordre de Napoléon Iᵉʳ, les *Arénes*, le *Cimetiére*; les musées et quelques églises. — Milan était notre dernière étape; aussi le lundi, à 11 heures du matin, notre train spécial nous emportait-il dans la direction de Turin, d'où, après le dîner, c'est-à-dire vers les 5 heures nous partions définitivement pour Paris.

Après avoir quitté l'immense plaine qui environne l'ancienne capitale des *Etats-Sardes*, on voit le cercle de montagnes se montrant à droite et à gauche de la *Strada-Ferrata* se resserrer de plus en plus. La gorge où coule bruyamment la *Doire Ripaire* reparut ensuite à nos regards, mais dans le sens opposé à celui où nous l'avions vue pour la première fois. Bientôt la nuit arriva, mais une nuit telle que l'on en compte peu dans son existence. La lune était dans son plein. Le sommet des montagnes couvert çà et là de la neige qui y était tombée la veille, apparaissait avec une teinte bleuâtre à la clarté de la reine des nuits. Ces monts escarpés, d'une hauteur prodigieuse sur le flanc desquels sont suspendus quelques hameaux ou diverses habitations isolées, dont la pâle clarté des lampes s'apercevait sur quelques points dans ce demi-jour, ainsi que dans les maisons de la vallée proprement dite; les ravins, souvent profonds de plus de cent mètres au bord desquels notre train glissait rapidement; les milliers d'arbres fruitiers et autres dont les feuilles reflétaient des lueurs fantastiques, tel fut le spectacle qu'il nous fut donné d'admirer alors comme pour couronner dignement une excursion où nous avions compté pourtant déjà tant d'autres merveilles!

A 11 heures du soir, nous traversions de nouveau le grand tunnel dit du Mont-Cenis, pour nous retrouver à Modane, c'est-à-dire en France. — Le reste de la route était pour nous moins attrayant, et comme à cette heure un peu de repos convient à tous, on ne se remit à causer qu'au jour, quand nous étions déjà près d'Ambérieux. — A 10 heures du matin, nous déjeûnions à Dijon. Puis, à quelques-unes des stations suivantes, nous eûmes à serrer la main à plusieurs excursionnistes, qui, habitant la province, n'avaient aucunement besoin de prolonger leur trajet jusqu'à la capitale. — Vers les 7 heures du soir, nous arrivions sains et saufs dans Paris, aussi heureux de rentrer chacun chez soi après une absence de quinze jours qu'enchantés du magnifique voyage que nous venions de faire.

Tʜ. ABRAHAM.

———

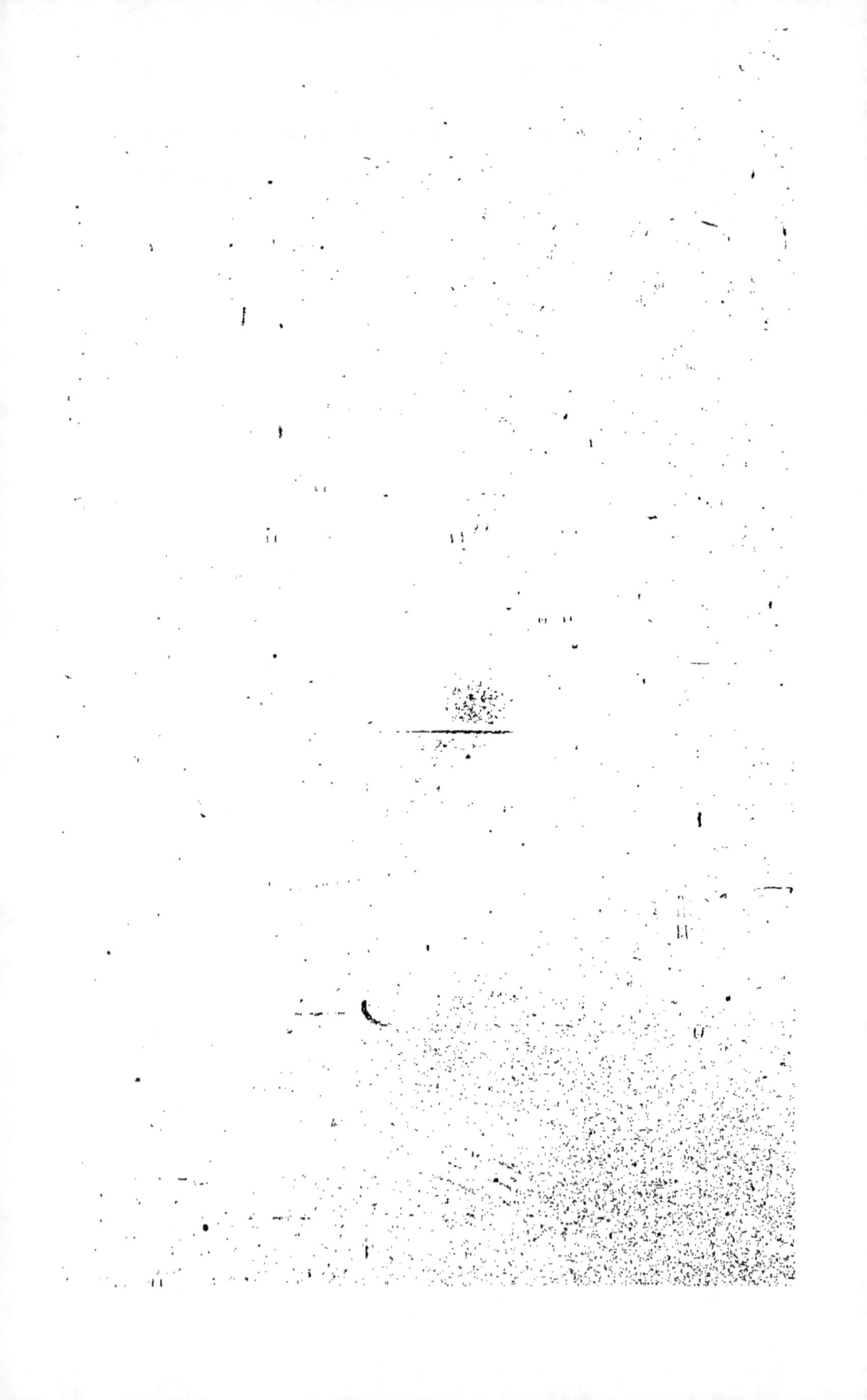

IX

EXCURSION A GÊNES, FLORENCE, ROME ET NAPLES (1880).

Au commencement de mars 1880, à l'annonce d'un *Train de plaisir de Paris à Rome et Naples*, je me rappelai aisément l'engagement plus ou moins solennel que j'avais pris lors de mon *Excursion à Venise* d'effectuer pendant cette même année 1880, la seconde partie de mon *Voyage en Italie*. — Le programme portait qu'on partirait de Paris le diman-che des Rameaux, pour revenir au même point le

dimanche de Quasimodo, c'est-à-dire qu'on emploie-
rait la semaine qui précède Pâques et celle qui suit
la grande fête catholique à se procurer cette douce
satisfaction. — Je ne fus pas le dernier prêt à partir
et je m'empressai de bien étudier le parcours à
suivre dans cette course à la vapeur, à l'effet d'en
retirer le plus grand profit possible. Deux voisins et
amis, M. et Mme G.., ainsi qu'un autre ami, M. M...
auxquels j'avais parlé avec un certain enthousiasme
de mon projet, voulurent bien être de la partie, et le
21 mars, à l'heure indiquée, midi 5 minutes, nous
quittions la capitale, avec de nombreux compagnons
de route, pour nous trouver le lendemain vers les
3 heures de l'après-midi, à *Turin*. — Je ne dirai
rien de ce premier trajet, qui s'accomplit sans inci-
dents notables et qui fut à peu de choses près la
répétition de celui que j'avais fait au mois de septembre 1879. — Le reste de cette journée du lundi et la
nuit qui suivit ayant été consciencieusement employés à réparer les forces perdues et à emmagasi-
ner une certaine dose de courage, nous nous trouvâ-
mes tout-à-fait disposés à prendre, dès 7 heures du
matin, le train qui devait nous conduire d'abord à
Gênes, puis à Rome.—Peu après avoir quitté Turin,
nous passâmes à *Moncalieri*, ville de 9,000 habitants,
où se voit un beau château restauré et embelli par
Victor-Emmanuel, qui en avait fait sa résidence habi-
tuelle, et en continuant notre route à travers la
grande plaine que coupe la voie ferrée, nous arrivâ-

mes bientôt à *Asti*, renommée pour ses bons vins. On tint à en goûter, désir fort légitime d'ailleurs et qu'il était facile de satisfaire, et puis, tout en causant l'on ne tarda pas à arriver à *Alexandrie*, place forte située au confluent du *Tanaro* et de la *Bormida*, dotée d'une citadelle remarquable et dont la population est de 50,000 habitants. Le terrain devient ensuite assez accidenté, et le *Polcevera*, qui y trouve à grand'peine un lit rocailleux, rend le paysage de plus en plus pittoresque. La station de *Novi*, un peu plus loin, rappelle la terrible défaite que nos troupes commandées par Joubert, qui y perdit la vie, subirent le 15 août 1799. Mais *Marengo*, dont on vient de traverser aussi les plaines fait souvenir en même temps de l'éclatante revanche prise par Bonaparte sur les Autrichiens le 14 juin de l'année suivante.

— Avant d'arrriver à Gênes par *San Pier d'Arena*, on côtoie des ravins bordés de magnifiques collines sur lesquelles des maisons de campagne sont coquettement assises et où les vignes, les arbres fruitiers et les pêchers, qui étaient alors en fleurs, font comprendre qu'un séjour en un tel endroit, durant la belle saison, doit être fort agréable. — Bientôt les habitations se rapprochent; quelques-unes sont ornées à l'extérieur de peintures qui ont la prétention de figurer de belles sculptures encadrant les fenêtres; c'est là un indice de notre proximité de *Gênes-la-Superbe*. Enfin notre vue peut porter sur les flots bleus de la Méditerranée, au moment où nous

entrons dans la patrie de Christophe Colomb. — Il
était midi, et le déjeuner, servi au buffet de la gare,
nous permit de reprendre haleine et de nous préparer à visiter la ville. A 2 heures, de nombreuses
voitures découvertes, où chacun de nous avait trouvé
place, nous permettaient de parcourir facilement
Gênes dans diverses directions, à l'effet d'en contempler les principaux édifices et les plus beaux
quartiers. — L'église de l'*Annunziata* fut l'objet de
notre première visite ; c'était justice, car, comme
on a pu le voir par la description que j'en ai faite à
l'occasion de mon premier voyage à Gênes, la profusion de sculptures, de dorures et de peintures
qu'on y admire, dévoilait aux yeux de tous le luxe
et les richesses inouis qui distingüent les temples de
l'Italie. — Les palais qui abondent dans la *via Balbi*,
la *via Nuova*, la *via Nuovissima*, la *via Carlo
Felice* et d'autres, avec leurs portiques majestueux
et leur prolixité de marbres, attira ensuite l'attention générale. Je pus constater pour mon propre
compte que depuis quelques années on a embelli
cette ville sur beaucoup de points ; on y voit en effet
de nouvelles places, de superbes avenues, de riches
galeries, telles que celles de Mazzini, etc., etc. —
Nous nous rendîmes ensuite au *Campo santo*,
dont nombre de mausolées, où le marbre travaillé
par d'habiles artistes est prodigué, furent très
remarqués. — Puis, des hauteurs qui font suite à
l'*Aqua sola*, il nous fut donné d'admirer un pano-

rama exceptionnel, celui de cette remarquable cité
bâtie en amphithéâtre auprès d'une mer ravissante !
— A minuit, nous reprenions le train qui devait
nous conduire à Rome. Nous nous trouvions, au
petit jour, dans les plaines assez monotones qui
précèdent la ville de *Pise*, où nous devions nous
arrêter à notre retour. — Un *déjeuner à emporter*
nous fut distribué en cet endroit, et tout en continuant notre route, nous nous administrâmes, *à la
guerre comme à la guerre*, le réconfortant qui
nous avait été remis à cette noble intention. — A
Orbetello, on fit une pause respectable ; quelques
heures après, nous arrivions à *Civita vecchia*. —
La vue de la mer, surtout de la Méditerranée, a
pour principale vertu de faire oublier les longs parcours sur la terre ferme, et l'arrêt assez prolongé
que nous fîmes là fut généralement bien accueilli ;
c'était d'ailleurs notre dernière étape avant notre
arrivée à Rome, située à 80 kilomètres plus loin. —
Les campagnes que l'on traverse alors sont tristes
et presque stériles ; sur quelques points, elles per-
mettent pourtant à des troupeaux de vaches aux
cornes longues et gracieusement recourbées d'y
trouver une pature plus ou moins suffisante. Certes,
on aimerait à y voir des plaines plus riches et plus
en rapport avec la cité unique qui attire de toutes
les parties du globe de nombreux visiteurs, mais il
faut prendre les choses telles qu'elles sont. Enfin,
après plusieurs heures qui parurent longues, nous

pûmes nous montrer les uns aux autres avec une
joie presque enfantine le sommet de quelques-uns
des édifices de la *Ville Eternelle*, ainsi que les murs
qui l'entourent. Ces murs, on les contourne pendant un quart d'heure pour entrer dans la gare !

Ce moment est solennel; aussi chacun s'empresse-
t-il de ramasser ses bagages et de prendre possession
de l'omnibus de l'hôtel qui lui est assigné. Nous
nous emparons d'assaut, de celui de l'*Hôtel de
France*, mes amis et moi, pour nous voir dix minutes après sur la place de la *Minerve*, à l'un des
angles de laquelle cet hôtel est situé. Par suite d'un
malentendu qui s'expliqua plus tard, il arriva que
l'Hôtel de France, hôtel nouvellement installé d'ailleurs, ne put recevoir tous ceux qui devaient y être
logés. Je me trouvai, ainsi que mon ami M.... dans
cette dernière catégorie, et, détail assez piquant,
l'on nous offrit en compensation le gîte d'une maison
bourgeoise, peu éloignée de l'hôtel en question.
Avant d'accepter cette proposition, qui paraissait
bien singulière, nous tînmes à voir par nous-mêmes
le local qu'on nous offrait. Notre démarche nous
ayant pleinement satisfaits, nous acceptâmes la
transaction. Nous transportâmes nos bagages dans
ladite maison, sise *Via Copelle*, et puis nous revînmes nous asseoir à la table commune de l'Hôtel de
France, où nous retrouvâmes nos deux amis M. et
Mme G. — Ce petit déplacement pour nous, du matin et du soir se continua pendant les quatre jour-

nées de notre séjour à Rome sans autre inconvénient
que la difficulté que nous éprouvions d'avoir un en-
tretien suivi avec la maitresse de la maison où nous
étions descendus. — C'est en vain que je cherchais à
placer les quelques mots italiens que je connais, car
je finissais toujours par exprimer en français ce que
je désirais, et mon interlocutrice, en me répondant
elle-même dans sa langue maternelle, ne faisait que
compliquer la situation ! Heureusement les gestes
y suppléaient et les *si signore* de la *donna*, d'une
part, et les *grazie signora*, de la mienne, termi-
naient souvent d'une manière passable notre cu-
rieuse conversation.

Le jeudi 25 mars, ainsi que les deux jours sui-
vants, les voitures mises à notre disposition nous
conduisirent dans les principaux quartiers de la capitale du monde chrétien. Nous escaladâmes d'abord
le *Janicule*, après avoir traversé le *Tibre* ou *Tevere*.
De là, la vue s'étend sur toute la ville, ce qui ne
pouvait nous laisser indifférents, à raison des mille
et un évènement que cette vue évoquait ! — L'église
élevée en cet endroit a pour annexe une petite chapelle circulaire bâtie, dit-on, sur l'emplacement ou
saint Pierre a subi le martyre, et dans une excava-
tion de laquelle un bon moine puise, au moyen d'un
long bâton terminé par un godet, un peu de sable
pour le distribuer à ceux qui en désirent comme
relique. — Non loin de cette église est située l'*Acqua Paola* ou *Fontaine Pauline*, dont l'eau lim-

pide est amenée de fort loin par un remarquable
aqueduc. Des jardins publics ornent aussi cette colline, où l'on est surpris de voir des aloès et des
cactus de dimensions inconnues dans notre pays.

— Du Janicule et par de longs circuits, nous revînmes à notre hôtel pour le déjeûner, après lequel
nous recommençâmes nos courses, en visitant d'a-
bord l'église des *Capucins* où l'on peut admirer le
célèbre tableau de l'*Annonciation* d'André del Sarte.
Une surprise nous avait été ménagée en cet endroit :
je veux parler du cimetière ou plutôt de l'ossuaire
des Pères Capucins. Que l'on se figure une sorte de
sous-sol du couvent composé d'une suite de pièces
à peu près d'égales dimensions et dont les murs
sont tapissés de crânes, de fémurs, de tibias, en
un mot des principaux restes des religieux décédés
à diverses époques, au milieu desquels trônent ceux
des bons moines qui ont pu être momifiés et qu'on
a revêtus du costume qu'ils portaient dans ce bas-
monde, et l'on aura une idée de l'étonnement que
chacun de nous éprouva à la vue d'un tel spectacle !
— Il ne faut pas abuser des scènes par trop natura-
listes ; aussi nos guides voulurent-ils nous conduire
de là à l'église de *sainte Marie des Anges*, où l'on
remarque, outre les dimensions imposantes de l'édifice, des colonnes de granit oriental d'une seule pièce,
de 18 mètres de hauteur et de deux mètres de diamètre, la statue colossale de *saint Bruno* par Houdon,
les célèbres tableaux représentant la chute de *Simon*

le magicien, *saint Jérôme au milieu des ermites*, *la mort d'Ananie et de Saphire*, etc. — Ensuite nous nous rendîmes à l'église de *Notre-Dame des Neiges* ou *sainte Marie Majeure*, une des plus luxueuses basiliques de Rome, où les richesses artistiques le disputent à la splendeur de tout ce qui compose sa décoration. Les autels des deux chapelles du transept, comme ces chapelles elles-mêmes sont d'une magnificence indescriptible. — Ce fut ensuite le tour de *saint Jean de Latran*, autre merveille, mais d'un style plus sévère, où l'on admire surtout les belles statues des douze Apôtres placées dans les niches réservées des douze colonnes de la nef centrale de l'édifice. C'est dans cette même église que nous vîmes pour la première fois des confessionnaux avec une inscription indiquant aux fidèles des différents pays qu'ils peuvent trouver là à qui parler dans leur propre langue ! Il y a plus, car le prêtre en fonctions dans ces confessionnaux tient à sa portée une sorte de canne à pêche, assez longue ma foi, dont il se sert en la posant doucement sur la tête des croyants qui viennent s'incliner devant lui, pour les absoudre de leurs péchés véniels ! — Il reste bien entendu que les gros péchés ne peuvent être effacés, là comme ailleurs, que par la confession auriculaire ou confession proprement dite. — La façade de saint Jean-de-Latran est grandiose, mais elle ne donne que sur une place aussi vaste que déserte. — Presque en face de cette basilique, l'on aperçoit une sorte de grande chapelle vers laquelle se précipite la foule des visiteurs. Nous *suivons le monde* et en y entrant, nous nous trouvons en présence d'un escalier de 28 marches qu'on monte à genoux, ceux qui le veulent, bien entendu : c'est la *Scala santa*, dont j'avais beaucoup entendu parler, étant encore bien jeune, par un émigré de mon village qui l'avait visitée et gravie selon l'ordonnance. La tradition nous enseigne que Jésus-Christ a monté cet escalier chez Ponce-Pilate, d'où on l'a rapporté à Rome et plus tard, recouvert en bois poli, afin d'éviter l'usure que la manière de s'en servir n'aurait pas manqué d'amener dans un court laps de temps. On gagne d'ailleurs neuf années d'indulgences par chacune des 28 marches gravies, soit au total, 252 années à déduire de celles que doivent passer en Purgatoire ceux qui partent dans l'autre monde sans être tout à fait en règle avec qui de droit ! — Il était alors environ six heures ; c'était le moment de rentrer à nos hôtels respectifs, à l'effet de se disposer à bien terminer cette journée ; c'est aussi ce que nous fîmes avec beaucoup d'entrain.

Le lendemain vendredi, nous commençâmes nos courses par une visite au *Colosseo* ou *Colisée*. Ce cirque aux dimensions étonnantes, auprès duquel les Arènes de Nîmes et celles de Vérone feraient une piètre figure, n'est plus maintenant que l'ombre de ce qu'il a été autrefois. Ses gradins ont pu

contenir jadis 90,000 spectateurs ! Les murs extérieurs du monument, conservés sur la moitié
environ du pourtour, mesurent 61 mètres de
hauteur. La circonférence elliptique de l'édifice est
de 560 mètres ; son grand axe, de 197, et le petit,
de 170. Le Colisée a suivi les vicissitudes de Rome
à travers les 18 siècles qui se sont écoulés depuis sa
fondation. Ce n'est plus actuellement qu'une ruine,
ruine imposante sans doute, puisqu'elle peut nous
donner une idée de la puissance d'un peuple qui
avait subjugué presque toutes les nations de l'ancien
monde et réduit tous les royaumes d'alors en
provinces romaines. — Un artiste de Rome ayant
proposé de photographier en un seul groupe les
voyageurs de l'Agence Lubin, distribués sur les
gradins du Colisée, l'idée fut acceptée, et chacun
de nous peut montrer aujourd'hui ce curieux
souvenir de voyage. — En sortant du Colisée, nous
eûmes à contempler le bel *arc-de-triomphe de
Constantin*, les ruines du *temple de Vénus et de
Rome* et de celui de la *Paix*, puis celles des *Palais
des Césars* ou *Palatin* — Le *Forum*, qui y confine
n'est pas non plus loin du *Capitole*. Ce fut dans le
musée du Capitole qu'il nous fut donné d'admirer
nombre de chefs-d'œuvre des sculpteurs grecs, la
célèbre *Vénus* dite du Capitole, découverte il y a
un peu plus d'un siècle, le *Gladiateur mourant*,
Apollon avec la Lyre, la statue colossale d'*Hercule
enfant*, etc., etc. — Notre après-midi du même

jour fut employée à voir diverses autres curiosités :
la *Colonne Trajane*, haute de 39 mètres (de 47ᵐ60
avec la base et la statue) et de 3ᵐ66 de diamètre,
toute couverte d'excellents bas-reliefs représentant
la guerre de Trajan contre les Daces. La statue de
Trajan couronnait autrefois le sommet de la colonne,
mais actuellement celle de St-Pierre a pris sa place ;
— la *Fontaine Trevi*, la plus belle de Rome après
l'Acqua Paola et qu'orne, entre autres sujets, une
statue de grandes dimensions de Neptune ; —
l'*Académie française des Beaux-Arts à Rome*
et la belle promenade du *Pincio*, d'où la vue s'étend
sur la ville et ses environs ; — le *palais du
Quirinal*, autrefois résidence d'été des papes et où
de nos jours le roi Humbert paraît ne pas se déplaire.
Les nombreuses salles de ce palais sont ornées avec
un grand luxe et beaucoup de goût. — Nous nous
engageâmes ensuite sur la *via Appia*, presque
parallèle à l'interminable aqueduc qui fournissait
d'eau Rome de ce côté. Cette voie est bordée de
nombreuses ruines indiquant les sépultures des
principales familles de l'ancienne Rome et dont
quelques monuments subsistent encore, comme
celui de *Cecilia Métella*. Pendant ce trajet, nous
descendîmes plusieurs fois de voiture, d'abord pour
visiter les *Catacombes*, puis l'emplacement d'un
ancien cirque pour les courses de chars, et aussi
l'église-basilique de *St-Sébastien*, où l'on voit la
belle statue en marbre blanc de ce saint, modelée

par Le Bernin et exécutée par Giorgini.—Une autre
station nous permit de voir également la petite
chapelle dite de *Domine-quo-vadis*, où la statue
de St-Pierre, qui est en marbre blanc, a le bout du
pied droit en bronze. Il paraît que l'effusion avec
laquelle les pélerins baisaient ce pied a rendu indispensable cette adjonction, car l'usage de la pieuse
démonstration des fidèles avait déjà amené une
détérioration fort regrettable du pied en question.

La matinée du samedi fut consacrée à la visite du
Vatican, de la *Chapelle sixtine*, des *Fresques de
Raphaël* et à celle du *Musée* et de la *Bibliothèque*,
où des trésors de l'art sont accumulés. La satisfaction
d'avoir vu toutes ces choses est grande, quoique
cela se soit fait un peu trop au pas de course. — En
nous rendant au Musée, l'on nous montra les voitures de cérémonies des papes ; elles sont splendides,
et si elles ont coûté un prix considérable, c'est
qu'on ne saurait, aux yeux des croyants, environner
de trop d'éclat celui qui représente la divinité ici-
bas. — Dans l'après-midi du même jour, nous nous
rendîmes à *St-Pierre*. Cette incomparable basilique
offre le grandiose réuni au beau. Rien n'a été
ménagé pour la faire digne de l'admiration universelle. La longueur de l'édifice qui est de 204 mètres,
la hauteur de la coupole principale, de 142 mètres,
les différentes chapelles latérales qui ont chacune
un dôme séparé, l'immense baldaquin à colonnes
torses placé au milieu du transept et au-dessus de

la crypte où l'on voit 80 lampes brûlant constamment, l'autel du sanctuaire proprement dit, les
reproductions en mosaïques dans de vastes proportions des principaux chefs-d'œuvre de la peinture
existant en divers autres endroits de Rome, etc., etc.,
stupéfient le visiteur. La surface qu'occupe le temple
est de 66,600 mètres (N.-D. de Paris ne compte que
18,000 mètres), et l'on y a vu parfois plus de 50,000
personnes ! — Des tombeaux d'une magnificence
extraordinaire de plusieurs papes, de nombreuses
statues, notamment celle en bronze de St-Pierre,
dont les pèlerins s'empressent d'embrasser reli-
gieusement l'un des pieds, ajoutent encore aux
splendeurs de la basilique, que l'on proclame à bon
droit la première de la chrétienté.

Comme il nous restait encore quelques heures
pour bien terminer notre journée, nos guides nous
conduisirent, de St-Pierre, à *St-Paul-hors-les-
Murs (S. Paolo-fuori-le-Mura)*, église située à
2 kilomètres de l'ancienne *Porta Ostiensis*.—Cette
basilique passait autrefois pour la plus belle et la
plus intéressante de Rome ; mais, par l'imprudence
des ouvriers qui y travaillaient, elle fut incendiée
le 15 juillet 1823.—Elle est aujourd'hui entièrement
reconstruite, à l'exception du péristyle qu'on y
ajoute, comme on en a jadis ajouté un à St-Pierre.
Les colonnes de ce péristyle sont déjà dressées et
elles n'attendent plus que la voûte qui doit les relier
à l'œuvre principale. L'église de St-Paul a actuelle-

ment 129 mètres de longueur, ses cinq nefs sont supportées par 80 colonnes en granit du Simplon. Les deux colonnes en albâtre des angles du transept, ainsi que les quatre du baldaquin, ont été données en présent à Grégoire XVI par le vice-roi d'Egypte. — Une frise de médaillons contenant les portraits des 258 papes qui ont régné jusqu'à ce jour, portraits en mosaïques de 1m65 de hauteur, court autour de la grande nef. L'intérieur de cette vaste église, où le marbre apparaît de tout côté, frappe d'admiration tous les visiteurs. On regrette seulement que sa situation isolée ne fasse pas assez ressortir sa raison d'être. —Le curieux couvent des Bénédictins qui avoisine St-Paul-hors-les-murs, reçut aussi notre visite. — Enfin, pour compléter notre journée, nous nous arrêtâmes, à notre retour dans Rome, pour voir l'église de *S.-Pierre-aux liens (S. Petro-in-Vinculis)*, où se trouve un des chefs-d'œuvre de Michel-Ange, sa statue de Moïse; on y vend de petites chaînes faites sur le modèle de celles qui attachèrent les mains de l'Apôtre et qu'on conserve précieusement dans le même lieu.

Le programme du dimanche 28 mars, jour de Pâques, portait: liberté entière de leur temps laissée aux excursionnistes! — J'en profitai pour mon compte en employant mes loisirs à visiter de nouveau St-Pierre, à courir un peu au hasard de l'inspiration à travers les quartiers de l'ancienne Rome, c'est-à-dire des rues qui bordent le Tibre et aussi à revoir avec mes amis le Colisée, St-Jean-de-Latran et Ste-Marie-Majeure.— Depuis la suppression du gouvernement temporel des papes, Rome se transforme à vue d'œil en une capitale moderne. De nouveaux quartiers se créent aux abords de la gare et de magnifiques hôtels se construisent dans les larges rues qu'on y perce. — Profitant de nos matinées, nous visitâmes encore, mes amis et moi, pendant notre séjour à Rome quelques-unes des nombreuses églises de cette ville qui ont une certaine renommée, comme l'*église de la Minerve*, celle des *Jésuites*, le *Panthéon*, où se voit le tombeau provisoire du roi Victor - Emmanuel, *Ste-Agnès*, sur la *piazza Navona*, *St-Louis-des-Français*, etc. — Le soir, nous nous rendions, comme beaucoup de nos compagnons de route au *Corso*, rue principale de Rome et très commerçante, soit pour une simple promenade, soit pour y passer quelques moments dans l'un de ses beaux cafés.

Le même jour de Pâques, à 10 heures du soir, nous partions pour *Naples*, où nous ne devions arriver que le lendemain vers les 7 heures du matin. Ce trajet effectué de nuit ne pouvait avoir pour nous un bien grand attrait; aussi cherchâmes-nous à tuer le temps de notre mieux jusqu'à l'aube. — A 5 heures du matin, comme un voyageur annonçait notre prochaine arrivée à *Capoue*, je me secouai pour me bien réveiller et, regardant alors en avant du train, j'aperçus très distinctement le *Vésuve fumant sa pipe*, suivant l'expression des touristes anglais. Une forte colonne de fumée s'en échappait en effet et allait grossir l'épais nuage qu'elle alimentait et qui couvrait le ciel d'un côté de l'horizon. — Ayant fait part à mes voisins de ma découverte, chacun voulut s'assurer du fait, ce qui tint tout le monde en éveil. Le jour d'ailleurs grandissait et les premières lueurs du soleil levant amenaient à chaque instant des teintes différentes sur le sommet de la montagne, que nous ne quittions plus des yeux. — Bientôt nous arrivâmes à *Caserte*, dont l'immense palais avec sa vaste cour confine presque à la voie ferrée, et, après avoir remarqué que les champs sont, dans cette province, parfaitement cultivés, nos regards se portèrent du côté de Naples, que nous savions n'être plus bien éloignée. Nous ne tardâmes pas à apercevoir quelques-unes des nombreuses villas de sa banlieue et les cheminées des fabriques qui s'y trouvent aussi. — A 7 heures, nous faisions notre entrée dans la capitale de l'ex-royaume des Deux-Siciles. Notre premier soin fut de nous rendre à nos hôtels, où le besoin de nous préparer à une première course en ville nous obligeait à faire une halte raisonnable. Deux heures après notre arrivée à Naples, 50 voitures découvertes, mises à notre disposition, nous permirent de descendre sur les quais, de suivre la *Chiaia* jusqu'au château en ruines de la trop célèbre reine *Jeanne de Naples* et la *Grotte de Pausilippe*, de revenir ensuite en ville par le *Corso Vittore Emmanuele*, de passer près du *château St-Elme* et rentrer à nos hôtels pour le déjeûner, en suivant d'autres rues plus ou moins larges et par conséquent plus ou moins belles. — Cette course échevelée, qui faisait sortir les Napolitains et surtout les Napolitaines sur notre passage, nous avait pourtant permis de jouir du splendide panorama qui s'offre au touriste des hauteurs que nous venions de suivre. De là, en effet, on aperçoit d'un côté la ville proprement dite se développant circulairement sur un espace de plus de 10 kilomètres et les charmants rivages qui ont permis à *Castellamare* et à *Sorrente* de se fixer au voisinage de la cité la plus peuplée de l'Italie ; les belles collines où apparaissent, au milieu de bouquets d'arbres et d'arbustes, d'élégantes maisons de campagne, et au-delà les montagnes entre lesquelles domine le Vésuve. Du côté opposé, on embrasse tout le *cratère*, autrement dit le port, que paraissent fermer les îles de *Caprée*, de *Procida* et d'*Ischia* et cette mer superbe dont les flots d'azur viennent baigner une terre bénie ! Tout cela semble justifier l'adage bien connu ;

> « *Vedi Napoli et poi muori !* »

A 2 heures de l'après-midi, nos voitures nous conduisaient à la gare, où nous devions prendre le train pour Pompéi. Une heure plus tard, nous nous

trouvions dans cette ville unique qui a eu le triste
privilége de revoir le jour après un ensevelis-
sement de 17 siècles. Le petit musée que l'on
traverse avant d'entrer dans Pompéi laisse voir un
certain nombre d'objets recueillis dans les fouilles
de cette ville. (Les plus précieux ont été transportés
dans le musée de Naples), ainsi qu'une demi-douzaine
de cadavres et un chien entièrement pétrifiés, qu'on
y a aussi découverts. — Le parcours des rues encore bordées des murs de chaque maison présente
un singulier aspect; on se croirait transporté dans
un autre monde. On distingue, parmi les nombreuses
maisons particulières, celles de boutiquiers et de
certains industriels; celles-là étaient construites
sur un type à peu prés uniforme, ayant une cour
intérieure relativement grande, pavée en mosaiques
avec *atrium*, etc. — Les temples, les établisse-
ments de bains, les places publiques n'y font pas
défaut, pas plus qu'un grand cirque pour les réjouis-
sances et grands jeux de la cité. — Notre promenade
dans Pompéi avait duré deux heures, c'était un
temps bien limité pour pouvoir étudier tant de
curiosités archéologiques, mais il fallait rentrer à
Naples pour le dîner. Et puis, nous avions une halte
à faire à *l'Osteria de Diomède*, située à la sortie ou
mieux à l'entrée de Pompéi, car l'on entre et l'on
sort par la même porte. Nous nous demandions
déjà, quand on nous eut priés de nous ranger sur
la vaste terrasse de l'hôtel, ce qu'on voulait faire de

3*

nous; mais notre incertitude ne fut pas de longue durée; elle cessa lorsque nous vîmes apparaître sur la scène des indigènes dans le plus pur costume du pays. C'étaient des musiciens et des danseurs qui tenaient, sur commande, à nous rendre juges de leur savoir-faire. Au signal donné par les casta-gnettes et les guitares, les jeunes gens et les jeunes filles nous donnent le spectacle d'une danse animée avec force figures. L'un d'eux nous chante ensuite une romance fort expressive, et puis tout le groupe exécute une tarentelle où ces artistes déploient toutes les qualités de leur art favori. Nous les encou-rageons d'ailleurs par nos bravos répétés, auxquels la gracieuse Marietta paraît particulièrement sen-sible! — Mais l'heure du départ va sonner et chacun s'empresse de ne pas manquer à l'appel, après avoir eu le soin toutefois d'acheter quelque souvenir de Pompéi.— Notre petit trajet en chemin de fer avant le dîner nous permit encore de voir le Vésuve jetant des flammes de temps à autre et faisant entendre parfois des détonations qui donnaient à réfléchir. — Le soir, notre promenade sur les quais, tout en nous apportant une brise propre à calmer nos sens agités par tant et de si diverses émotions, nous offrit en-core le tableau d'un phénomène bien nouveau pour nous, celui d'un phare naturel placé au sommet de la plus haute montagne de la contrée et dont les lueurs semblaient avoir quelque chose de surna-turel.

Le mardi 30 mars, nous nous rendîmes d'abord au célèbre musée de Naples où figurent les curieux objets d'art trouvés dans Pompéi, une quantité considérable de magnifiques vases étrusques et beaucoup de bronzes remarquables. Un écho à noter pour le touriste est celui qui se produit dans la grande salle de la bibliothèque; il répète 5 ou 6 fois le bruit que l'on fait en se frappant les deux mains. — Nous visitâmes ensuite les plus belles rues de Naples, la *via Toleda*, aujourd'hui *Strada di Roma* et quelques quartiers à l'effet de nous donner une connaissance plus complète de cette ville et de ses habitants. Ces derniers se présentent aux yeux des étrangers sous un aspect peu satisfaisant. La population est tellement nombreuse qu'elle semble remplir certaines rues; c'est alors que son état ordinaire de malpropreté apparaît dans ce qu'il a de plus désagréable. Une telle impression ôte beaucoup à la satisfaction que l'on éprouve à la vue de Naples, située dans une position aussi exceptionnelle qu'admirable.

A deux heures de l'après-midi, et pour nous conformer au programme, nous dûmes reprendre la *Ferrovia*, qui avait pour mission spéciale de nous ramener d'une seule traite à Rome et même à Florence. Un dîner de circonstance, que nous devions faire en route et qu'on nous avait distribué avant notre départ de Naples, contribua beaucoup à obtenir ce résultat. Nous nous retrouvions en effet

Rome vers les dix heures du soir, et le mercredi 31 mars, nous arrivions à huit heures du matin à Florence.

Pour utiliser convenablement notre première journée à Florence, nous visitâmes successivement la cathédrale (*Santa Maria del Fiori*), le *Baptistère*, la *Santa Croce*, le *tombeau des Médicis* et la *maison de Michel-Ange*. — La cathédrale, vaste édifice et d'un style sévère à l'intérieur, est surtout remarquable par sa coupole, qui a immortalisé Brunelleschi, par sa tour en marbre blanc et marbre noir, de 90 mètres de hauteur que Bonaparte trouvait si belle qu'il disait qu'on devrait la mettre sous verre, et par l'extérieur de ses murs, aussi en marbre de différentes couleurs. — Le *Baptistère*, qui l'avoisine, est un édifice de forme octogonale dont les trois portes de bronze ont une réputation universelle. La plus ancienne est due à *André Pisano*, qui y travailla l'espace de vingt-deux ans. Les deux autres qui sont des merveilles artistiques, sont de *Laurent Ghiberti*. — L'église de *Santa Croce* ou Panthéon de Florence renferme les tombeaux des hommes illustres de l'Italie ou des monuments élevés en leur honneur : ceux de Michel-Ange, de Dante, d'Alfieri, *Machiavel* (avec cette inscription : *Tanto nomini nullum par elogium*) de *Léonard Bruni* (*L'Arétin*), etc. — La maison de Michel-Ange renferme une sorte de musée où l'on retrouve quelques-unes des œuvres du grand maître et une multitude de ses esquisses.

Le lendemain, jeudi 1er avril, avant midi, nous visitâmes le palais de la *Seigneurie*, le *Palais Pitti* et les *galeries des Uffizii*. A l'un des angles de la *piazza della Signoria*, on voit une fontaine monumentale élevée sur l'emplacement du bûcher de *Savonarole*, et près de là, à la *Loggia dei Lanzi*, l'œuvre capitale de Benvenuto Cellini, *Persé ayant coupé la tête de Méduse*, en bronze, *l'enlèvement des Sabines*, par Jean de Bologne, *Judith avec la tête d'Holopherne*, par Donatello, etc. etc. — Les musées de Florence renferment, sous le rapport de la peinture et de la sculpture des richesses sans nombre, et il faudrait bien du temps pour les étudier d'une manière convenable. — Nous les visitâmes à la hâte, dans les quelques heures que nous pûmes leur consacrer, nous estimant pourtant heureux d'avoir ainsi un aperçu de ces collections inestimables. — Dans l'après-midi, nos voitures nous conduisirent par une longue avenue bordée de magnifiques jardins jusqu'à la place Michel-Ange (*Strada dei Colli*), au centre de laquelle s'élève une grande fontaine décorée de statues en bronze qui sont des reproductions des principales œuvres du célèbre artiste : au milieu, *David* ; sur les quatre angles, le *Jour*, la *Nuit*, l'*Aurore*, et le *Crépuscule*. — Cette place, située à 150 ou 200 mètres au-dessus du lit de l'*Arno*, permet d'embrasser d'un seul coup-d'œil la grande et belle cité que traverse ce fleuve, et au delà, une plaine immense toute remplie

de villas et d'une riche végétation et s'élevant en
amphithéâtre sur une étendue de 15 à 20 kilomètres,
de façon à en faire un tout aussi harmonieux que
grandiose. — L'antique et célèbre *Fiesole*, qui se
trouve au point culminant de ces hauteurs, est souvent l'objet d'une promenade spéciale de la part des
touristes ; nous voulûmes, mes amis et moi, la faire
pour ne rien perdre de nos loisirs de cette journée,
et nous pûmes nous en féliciter, car de Fiesole. le
panorama est vraiment admirable.

Le 2 avril, nous quittions de bonne heure la patrie des Médicis, avec l'intention de nous arrêter
quelques heures à Pise, puis de reprendre notre
course jusqu'à Gênes et même jusqu'à Turin. — Ce
programme s'accorda parfaitement avec nos prévi-
sions, et, vers 10 heures du matin, arrivés à Pise,
nous prenions nos mesures pour visiter consciencieusement cette ville, où coule l'Arno, bordé de
quais remarquables et le long desquels se voient de
riches habitations et de beaux magasins. Nous courûmes de la gare à l'une des extrémités de la ville,
où se trouvent l'un près de l'autre, la *Cathédrale*,
le *Baptistère*, la *Tour penchée* et le *Campo Santo*.
— La *Cathédrale de Pise*, en style normand-
toscan, est une des plus belles de la chrétienté.
Bâtie tout en marbre de diverses couleurs et dans
des proportions vraiment grandioses, elle frappe
le visiteur par l'imposante et sévère symétrie des
détails. Le jubé, très élevé, attire les regards, et

la lampe monumentale de la nef, rappelle par ses oscillations le travail intellectuel auquel se livra Galilée en la regardant ; elle le mit, dit-on, sur la voie de la théorie du pendule. — Le *Baptistère*, que tous les étrangers tiennent à visiter, surtout à raison du singulier écho qui s'y fait entendre, a beaucoup d'analogie avec celui de Florence ; seulement on remarque aisément que ses dimensions sont plus grandes. — Mais ce qui fait avant tout affluer à Pise les curieux, c'est sa *Tour penchée ;* elle a huit étages, entourés chacun à l'extérieur d'une belle colonnade en marbre ; elle est haute de 54 mètres et son inclinaison est de 4 mètres 30. La partie située entre le niveau du sol et le premier étage paraît tellement inclinée que l'on ose à peine la regarder, étant placé du côté de la pente. Il y a là certainement un tour de force de la part des architectes qui ont construit l'édifice, soit intention-nellement, soit après affaissement réel du sol d'un côté, survenu pendant la construction, ce qui est le cas, suivant toute probalité.

A 2 heures de l'après-midi, nous reprenions notre route. Les *Apennins* se rapprochent de la Médi-terranée. De grands champs d'oliviers se montrent à droite et à gauche de la *Strada ferrata*. Bientôt nous arrivons dans la patrie par excellence du marbre. Voici la station de *Massa*, peu éloignée de *Carrare*, et dont les quais sont remplis de blocs et de tables de ce précieux produit des carrières de

la contrée. — Vers les 4 heures nous nous trouvions à la *Spezia*, rade superbe, une des meilleures
de l'Europe et port militaire du nouveau royaume
d'Italie. L'emplacement, déjà remarqué par Napoléon . Ier, est digne de cette destination. Mais, à
partir de ce point, la voie ferrée jusqu'à Gênes
n'offre plus aucun rapport avec tout ce qu'il nous
avait été donné de voir jusqu'alors. Sur les 25 lieues
que comprend ce trajet, il faut en compter de 8 à
10 de tunnels, nécessités par les nombreux pro-
montoires de la côte, formés souvent de rochers
presque à pic, qui distinguent ce parcours. — Seulement, pour passer d'un tunnel à l'autre, on a
parfois un répit de quelques minutes, ce qui permet
de voir, d'un côté, une partie de ces énormes
rochers, et de l'autre, des anses ou vallées où
s'épanouissent tout-à-fait à leur aise, les orangers,
les citronniers, les figuiers, les oliviers et les
vignes, au milieu desquels on aperçoit quelque
bourgade bien isolée du reste du monde, mais qui
doit être un paradis terrestre au petit pied. — Plus
près de Gênes, les anses s'élargissent et les charmantes stations de *Sestri Levante*, de *Chiavari* et
de *Santa Margherita*, etc., avec leurs maisons
décorées de peintures à fresques sur leurs murs
extérieurs et leurs riches vergers font l'admiration
de tous ! — Enfin les villas et les maisons de campagne se montrent plus serrées les unes contre les
autres ; il n'y a plus de doute, nous nous rappro-

chons de Gênes. — A 7 heures nous y étions.
Un arrêt d'une petite heure nous laissa le temps d'y
dîner et celui de nous préparer à continuer une
route déjà longue, car nous ne devions nous reposer
réellement qu'à Turin. — En présence des quatre
heures qui nous séparaient encore de cette dernière ville, beaucoup d'entre nous ne tardèrent pas
à chercher dans un demi-sommeil, le seul qui soit
permis en pareille circonstance, le moyen le plus
simple d'abréger le trajet à effectuer. — Arrivés
vers minuit à Turin, nous nous empressâmes de
gagner nos hôtels respectifs dans le doux espoir
d'y trouver un repos bien mérité!

Le samedi 3 avril, en attendant notre départ
pour Paris, chacun de nous se répandit dans Turin
ou ses environs à sa guise. Pour ce qui me concer-
nait, je voulus revoir le *Campo Santo*, ou plutôt
les quelques monuments qui m'avaient si fortement
frappé lors de mon premier passage dans cette ville.
M'étant donc rendu dans ce remarquable cimetière, je me dirigeai vers le monument funéraire
élevé par *Cuglierero* sur la tombe de l'ingénieur
Giovanni Marsano (Nº 194). J'y revis avec satisfaction la magnifique statue en marbre qui repro-
duit les traits de la jeune veuve de Marsano avec
une expression d'abandon et de désespoir tellement
vraie et naturelle que personne ne peut la voir sans
éprouver la plus vive émotion! — Un des custodes
du champ sacré, à qui je demandai si l'on vendait

des photographies de ce monument , m'en signala
un autre plus digne encore , selon lui, d'admiration,
celui de la *famille Doyen*, d'origine française.
J'allai à l'endroit indiqué par le gardien et je ne fus
pas longtemps à me ranger à son avis. Ce second
monument se compose d'une pyramide en marbre
de quelques mètres de hauteur, près de laquelle est
représentée, aussi en marbre blanc, la veuve vêtue
magnifiquement, ce qui a permis à l'habile sculpteur,
Belli, de développer, sous toutes ses faces, le talent
le plus remarquable ; la veuve est debout et tient
à la main une couronne qu'elle s'apprête à déposer
sur la tombe de celui qu'elle pleure ! — Le monument dû à M. Belli m'a paru une œuvre de premier ordre, bien digne d'immortaliser son nom , et
qu'on admirera de plus en plus dans la suite des
temps.

A 5 heures du soir du même jour, nous prenions place dans les voitures du train qui devait
nous ramener à Paris. — C'était la quatrième fois
que je faisais ce dernier trajet ; il avait conséquem-
ment moins d'attraits pour moi que pour beaucoup
de mes compagnons de route, et puis, pour moi
aussi, ces Alpes, dépourvues alors de la parure
qu'une saison plus avancée donne à leur végétation
et quoique offrant encore d'immenses perspectives
où les rayons du soleil faisaient ressortir l'éclatante
blancheur de la neige couvrant leurs cîmes, étaient
loin d'avoir à mes yeux l'aspect grandiose et impo-

sant que je leur avais trouvé au mois de septembre 1879.

Le reste du trajet s'acheva sans encombre, et le lendemain, dimanche 4 avril, à 7 heures du soir, nous étions de retour à Paris.

Th. ABRAHAM

Lille Imp. L. Danel